VÆSENTLIG

UFULDENDTE SERENADER

Et Heideggersk værensbind

Kim Gørtz

FSC
www.fsc.org
MIX
Papir fra ansvarlige kilder
Paper from responsible sources
FSC® C105338

VÆSENTLIG

UFULDENDTE SERENADER

Et Heideggersk værensbind

2024

SAGARO REC & PUB

ISBN: 9788743058601

Forlag: BoD – Books on Demand, Hellerup, Danmark

Tryk: BoD – Books on Demand, Norderstedt, Tyskland

Tid er det, der forandrer sig og mangfoldiggør sig,
evighed holder sig enkel.

Mester Eckhart

I R. Safranski, s. 80

En mester fra Tyskland. Heidegger og hans tid, 1994/1998

Fristedets væren

Om selve muligheden for at være

Værens-filosofiens lydløse stemme er en bestemmende skæbne, hvor en lytten aner hørelsens nære sandhed i samtalen med det, der er.

I det tavse sprogs evige spejl holdes frihedens plads åben, som en lysets kilde igennem hvilken verdens begivenhed og begivenhedens verden skænker mennesket glæde og taknemmelighed.

At høre væren tale til sig er en taksigelsens rejse gennem en stemtheds toneart, der åbner ører, som kan høre den sande bolig; livets grænseløse kærlighed.

I en længslens ekko og som naboskabets stemme ankommer blomstringen af håbets tænkning i hvis forkyndelses opfordringer er et spring ind i det dunkle.

Gådens lys og forskel bliver hjemsted for tidens tænkning og tænkningens tid flyder kedsommeligt i angstens nærvær, som et intets efterord, i hvis hellige kald og agtsomhed, det uforgængelige offer fylder livets gave med ydmyghed.

At åbne sig for den tanke, som væren skænker; i den stille kraft, i svækkelsens lysning, sker mennesket, som modtagelighedens hyrde af det væsentlige.

At blive trukket rundt, halve udsigter, skamros og så videre bringer én i en ussel tilstand, også selv om man foregiver ikke at beskæftige sig med det.
(Heidegger, 1922. Safranski, s. 146, 1998)

Man bør ikke længere skjule for sig selv, at den højeste form for eksistens kun lader sig føre tilbage til ganske få og sjældne øjeblikke af tilværens varighed mellem liv og død, at mennesket kun i ganske få øjeblikke eksisterer på spidsen af sine egne muligheder.
(Heidegger, 1929. Safranski, s. 210, 1998)

Øjeblikket er ikke andet end det beslutsomhedens blik, hvori en handlings fulde situation åbner sig og holder sig åben.
(Heidegger. Safranski, s. 193, 1998)

I hvor vid udstrækning har filosofien til opgave at lade os blive fri fra angsten? Eller har den ikke netop til opgave at udlevere mennesket radikalt til angsten?
(Heidegger. Safranski, s. 209, 1998)

I det teknisk organiserede menneskes planetariske imperialisme når menneskets subjektivisme sin højeste kulmination, hvorfra den nedlader sig til den organiserede ensformigheds niveau og indretter sig her. Ensformigheden bliver det sikreste instrument for det fuldkomne, det vil sige det tekniske herredømme over jorden.
(Heidegger. Safranski, s. 318-319, 1998)

Indhold

Hvis det hele ikke skal ende i et frugtesløst nørkleri og en skolastisk afdækning af modsigelser, må der i det mindste findes en foreløbig løsning på rum- og tidsproblemet ved at orientere det mod den matematiske fysik.

Heidegger til Sauer, 1912. Safranski, s. 58, 1998

Laboratorium & jubel

En hemmelig filosofisk dagbog, en sitren, et tilråb, et helt andet, en frelsende grundstemning, forladt som et imellem; en overgivende tagen i mod.

En lydig lytten til ordet, en sammenføjning af tanker, et indspil, der tier, den åbne midte; værens oplyste spillerum, værens *eudaimoni*.

Gennem en vaklende og usikker anstrengelse bebyrdes fryderåbets larmende glæde; vilde vædderhorn på arbejde. Hjemstavnens hjertebesvær; betydningsfeltets eksistensfrihed

Den lyse og klare aften. Den frit formet og underholdende kærlighedssang. Som en forelsket bejler synges disse sange til en elsket læser: *Væsentlig. Ufuldendte serenader. Et Heideggersk værensbind.*

Det er helt Heideggersk!

1. Værensmysterium
2. Intensitetsstigning
3. En livsreforms bevægelse
4. At lade tingene komme til sig
5. At genfinde virkelighedens sprog

Ufuldendte serenader på vej

Aura

Et Benjaminsk passagebind

Hellig

Et Agambensk nøgenbind

Immobil

Et Sloterdijksk sfærebind

Fremmed

Et Rosask resonansbind

Flugt

Et Deleuzesk rhizombind

Livsvilje

Et Nietzschesk kraftbind

Negativ

Et Adornosk fortryllelsesbind

Tidligere udgivet

Frifundet. *Et Kafkask procesbind*

Inderlig. *Et Kierkegaardsk eksistensbind*

... begivenhederne i hvert eneste punkt af dette hjerneocean er uigentagelige og usammenlignelige ... de lader sig ikke sammenfatte under noget begreb...

Safranski, s. 95, 1998

Denne-nu-herhed

Modet til angst; værensforbundethed, nærhed, besindighed – bekymringernes betydningssammenhæng; åbnet med stemningen.

Byrdefuldt; angstens øjeblik – møder intet, det store forbi; meningens stabilitet, chancernes intensitetspotensering.

Fortabthedens uerstattelige fællesskab, tumlepladsens *man*, egentlighedens intensitet – eksistentiel solipsisme.

Tilværelsesfølelsernes vendinger, adspredte indsatser; tildragelsernes afgrunde – afstandenes drama i tomhedens dybder.

En vågnende hvirvel mellem den frugtbare tvivlsomhed og den tvivlsomme frugtbarhed; *denne dunkle ståen over for sit eget andet*.

Øjeblikket i tidens tomme forløb, *besindigheden i det daglige, frie blik* – en udforskning af ørkenens midte; udleveret skræk.

Opvækkelsesoplevelsernes *hvordan* besværger en ny intensitet, der muliggør en metafysisk holdning; en sandhedshændelse omringes.

En afhæmningsring i det åbenbare, verdensdannende lysblik; al *filosoférens* ånde sker med entusiasmens åbne steder.

... det er svært at leve som filosof – den indre sandhedskærlighed over for sig selv og med henblik på dem, man skal være lærer for, kræver ofre og afsavn og kampe, som altid vil være fremmede for den videnskabelige håndværker.

Jeg mener at have det indre kald til at være filosof og gennem opfyldelsen af dette i forskning og undervisning vil jeg yde, hvad der står i mine kræfters magt til bestemmelsen af det indre menneske – og kun for dette – og således selv retfærdiggøre min tilværen og mit virke for Gud.

Heidegger til E. Krebs, 1919. Safranski, s. 125, 1998

Krydsningsfeltet

Rådvildhed, bindende stemmeflerhed og tænkestile, noget særligt at sige, stemningens vinger, stemningen svinger, en slags kamp finder sted her; sandhedshændelsens opsving.

Indskrumpet forgiftning, bemyndigende forløsning; *gigantomachi* – den ensomme tankeekstase i tidens nød, badets rus, beruselsens befalingskraft; samvittighedskaldet.

Evnen til at kunne gå alene, i eventyrlig *energeia*, en besjælet afglans knuser uforfalsket suspensionernes march; den fortryllende singularitet som farlig fantast; som vrøvlets skizofreni – som nytteløshed.

Et livsvigtigt intetsteds; som stedløse regnbuer, som gudenatten, verdensformørkelsen, værens lyn, som total mobilisering, som asylets skuffelse og skuffelsens asyl fornemmes en disponibilitet.

En lutter spaltning; en fuldendt meningsløsheds tidsalder, hvor det græske tempel opslår et åbent sted, opstøder det u-hyggelige; kraften til at lade væren vokse som en immanent retningssans.

Det levende overvælder; *eros* og ordet dratter omkuld, en mumlende fugas løsnende mildhed, unddragelsens fyldninger, hænger i tavsheden, og føjer tilnærmelsens pust til sig – *det tænker i mig*.

Tænkningen skal give ro – og blive stille.

Enhver filosofi, der forstår sig selv i det, den er,
må som udlægning af livets faktiske hvordan,
netop når den derved også har en anelse om
Gud, vide, at det liv, der selv fuldbyrder
dragningen tilbage til sig selv, religiøst talt er
en håndsoprækning mod Gud.

Heidegger, 1922. Safranski, s. 128, 1998

”Det levede øjebliks mørke”

Radikal indifferens, uden anelse – og anseelse.

Afgørelsens herredømme, åbningens kaos.

At *agte på det uberegneliges langsomme tegn*.

Uden succes.

Indstændighedens erindringer og besindighed.

Udrensningsudvalgets fuglefri komite, mødets rygter; ... *verdens nat hænger imod én*.

Sammenbruddets værdighed river én med, bringer til orde et forladt ansigt, etablerer armod; *foran intet tager vi os sammen*.

Selvmedlidenhedens eventyr stiger i fristelse, mislykkes i nærhedens sansning; *teonome* afprøvelser.

Frafaldets vogtere gør indtryk på det anelsesfulde; som en omsiggribende charlatan, som et *indblink* til kvadratets spejlspil indrømmes fromhedens rædsel i mutationernes socio-genese.

Efterklangenes usigelige skånsel på den patologiske spids styrter katastrofalt, og søger akut fristed i *et øje hvis sår lukker verden op*.

Lystvang, nøgen spørgen, at lette tingene, at lade se.

Heideggers øjeblik, hvor tilværen kommer tilbage til sig selv fra adspredelsen, er også en undtagelsestilstand, hvori 'skorperne af en mekanik, der er stivnet i gentagelse' (Carl Schmitt) gennembrydes. Det er samtidig et øjeblik i Nietzsches og Kierkegaards forstand: Der er noget der bryder ind, og noget der bryder ud. Det, det kommer an på, er som Heidegger siger i sin forelæsning: "Die Grundbegriffe der Metaphysik" (1929/30), at man tillader den *indre rædsels øjeblik*, som *bærer enhver hemmelighed i sig og giver tilværens dens storhed.*

Safranski, s. 196, 1998

Metafysiske skatte

Sproget knirker i hængslerne; en adgang til en dristig spørgen.

Glemsel; enhver spørgen er en søgen.

En åbenlys cirkel; en rundkreds.

At blotlægge grunden på en mærkværdig måde; en forrang og ærværdig herkomst som fritsvævende spekulation.

Betydningsbestemthedens blotlagte horisont hjemfalder rodløst, og indhyller åbenbart nærværelsens *fundamentum inconcussum*.

En laden-bliven-set; den enkeltes omhu i oplevelsessammenhængen, som et blot-og-bart-at-leve, bebo og opholde sig som en røren-ved, som berøringens fakticitet, som varetagelsens sammentræf.

Usynligt bjergtaget som den blotte-og-bare-dvælen, nærmest indkapslet, sker erkendelsen gennem en varetagelse af det imødekommende.

I en regional overspringning, og i omgang med værkverden, indfinder savnets omsigt sig som rådvild, som genstridig bortstødning, som ragelse – og som afsked.

Emfatisk glimter fortroligt tegnets tjenlighed; et kendemærke, rodfæstet som frigivelse i en henvisthed, som en bevendthed, som uegnet.

Betydningsfuld behovløshed; oversprunget *remanens capax mutationem* – modstandserfaringens bejaelse og afhudede tilflugt i henhørighedens omegn; opsplittet i pladser.

Fjernelsens udretning gennemkrydser indrømmelsen af *afverdensliggørelse*; selvfortæring, selvforæring, selvfortabelsens indikationer.

Fastgjort dublet, afstandsfokuseringens udjævning, aflaster adspredt ingen; bortrydningen forskanser.

Forfejlet kløfter og vildleder en ligeoprindelighed et sprængende lysnets hjemfaldelse; bevægethed glider ind i forstemtheder, i et nøgent mørke, hvor overgivelsen endevender den vildførte; det rørende, bliver blændet, den rolige dvælen bliver bekvemmelig; truslen overlades, udsat.

Følelsesintensiteternes forskrækkelse, forfærdelse, skyhed, generthed; for-hvis-skyld sigter uigennemsigtigt efter oplevelsesstrømmenes værensvariationer.

Uudtrykkelige henbliktagen i den progressive, omsigtsfulde visnen; lydhøre gensvar tier, står uforståeligt:

Kun inden for ægte tale er det muligt egentligt at tie. ... at sige, dvs. have en egentlig og rig åbnethed af sig selv til sin rådighed.

(Heidegger: Væren og tid, s. 193-194, 2007)

Her møder jeg for første gang en selvstændig tænker, som fra grunden har erfaret det område, hvorudfra jeg tænker. Deres værk er behersket af en så umiddelbar forståelse for min filosofi, som jeg ikke tidligere har mødt noget sted.

Heidegger om sin læsning af Sartres værk.

(Safranski, s. 372, 1998)

Det verdner

Betydningslæren vokser, dunkel og tilhyllet
bemestres hjemhørighedens spirende og
opsnappende snak;

denne svæven, øjenlysten, synsomhuen, *en specifik
mangel på dvælen ved det nære*.

Hvileløshedens *væren-på-sporet-af* indfanger
ærgerlig og ærgerrig hævn, som forældet trafik,
fristende og beroligende;

fremmedgørelsens hvirvler nedstyrter selvpunktet,
som tusmørkeprofilens natside.

Flugt;

"venden sig hen imod" uhyggens ophold,
"nedblændende" bortvending; overladthed,
mulighedsblind, hangen til at blive levet – et galt
spor.

Funderingssammenhængens skandale, vekslen og
konstans;

et rovbytte fritaget.

At forudsigte, forudbesidde, uhelt, en stadig
uafsluttethed, en ikke-længere-væren-til-stede;

erkendelsesformåen – et håbløst foretagende.

Endnu-ikke-væren, livløs, ulevende, de afslebne modi, min-enkelte-hed, at forgå – *exitus*.

Det bestandige udestående, umuligt at ignorere; endnu-ikke ... modningen fuldendes, ophører ufærdigt, afgår, rækker ind, klinger hen imod en sortseerisk grublen.

Ubestemt bevidnelse; en villen-have-samvittighed, at blive anråbt, fortabt brydes, bringes, træffes en given-at-forstå – råbet synker ned i betydningsløsheden.

Det nøgne at i verdens intet, hvorom det ene og alene drejer; strafværdighedens savn, pådragelsen løslades, mistankens advarende lydløshed frigiver nedtynget et angstberedt udkast.

Intensiveret fremdrift, noget stadigt passeres som antruffet, fravristes et modtræk, skærpes; "jeg-er-i-en-verden".

Isoleret, flygtigt, selvforglemmende; "jeg varetager", selv-stændighedens ubrudte disciplin og hvorhenmods laden-sig-selv-komme-hen-imod-sig-selv.

Daværende-skueliggørende fremtidighed; øjeblikket indesluttet, ekstaser hen-imod-sig-selv-komst; mægtighedens selv-følgelighed består.

Indertidigheden...

Det, der forekommer os naturligt, er
formodentlig blot det tilvante fra en gammel
vane, der har glemt det uvante, som det har
sin oprindelse i.

Heidegger: Kunstværkets oprindelse, s. 29 (1998)

Aflivet

Betydningshelheder, værensglemsel, forfaldsformer, afvikling; fald i oprindelighed – den opstående dvælende hersken, hviler som en mægtig, overmægtig ro.

Dvælende, og i sig selv hvilende, er tilsynekomstens bestandighed; *ergon* står tøvende, rolig tilstedvær som værk – en standsning af en bevægelse, en skéen af væren; en sandhedens hændelse og dobbelte forfaldsform; en ny begyndelse.

Tænkningens fest, et selvbedrag, *væsne*, sfæren viger i den årvågne dvælen i-sig-hvilende, fornemmende et frit spillerum, i et uforstilt nærvær, som fornembar, særegen standhaftighed.

Begrebsmekanik og begrebsføjning; et specielt omrids, afklædt i sig selv hvilende til-intet-nødet-væren; et vink, et overgreb, i en dunkel åbning.

Jordens tavse tilråb, og stilfærdige skænken; uforklaret vægring, klageløs ængstelse, ordløs glæde, bæven, fødsel, skælven, hjemhørighed, bortsvinden.

At stå i lyset, i sin skinnens stadighed, vakler blikket i omvejens fremdragen af et væsensrum, en sfære væsner, en skeen lysner – som grunder sin boen i væsensblikket.

Ubesværede-utrættelige, slår man om i ødelæggelsens samklang, i en uudtømmelig fylde, i en inderlig samling af bevægelse; som stridens væsen i den lysnende midte; i-værk-sættelsen.

Bestridelsens væsensomgrænsning besætter der'ets lysning, og spørg-værdighedens dragning mod værket undfanges; ridsens særkende, *at's stille stød ind i det åbne.*

Ensom forrykkelse, tilhørighedens betydningsgivende skeen; spørgeskridtets sigen, strøg afsted, indfindelsesstedet kalder.

Glansens smerte, tærsklens forskel river riftens tilsigelses skær i stilhedens klang, forskånet hyttes indrømmelsen betænkelsesværdigt.

Bolignøden, hjemløsheden, denne ukendte skjulen-sig, denne ubekvemme høren, dæmringens ynde som når hjertet lægger øre til ordets gåde, til selve ordets brist.

Et svigt fortryller og trænger oprivende til eftertankens tilgivelse; en færd blomstrer prægtigt ved randen, rystende og overvældende af tæthed, takskyldighedens skridt, tungmodets fund, vor høren; indskriftens sigelse.

En blindvej; henrykkelsens hyrde i sin originære selvgivethed, frisætter tænkningens fromhed, som hændelse.

Verdensvisdommens drægtighed og forvandlingsfylde rækker det gådefulde sin tilskikkelses gave, som vovemodets bringen-ud-i-det-åbne, som stilhedens sted, i det åbnes lysning.

At bo, at være bragt til freds, vil sige: at dvæle indfriet i det frye, dvs. i det frie som skåner hver enkelt ting i sit væsen. Grundtrækket i det at bo er denne skånen.

Heidegger: Sproget og ordet, s. 39 (2000)

Hengivelsens livssympati

Konstellationens dialog, at genindsætte en levende
tanke ved glemslens grænser, ved det, der sker i
værens forbindelse, i forladthedens væsensnærhed.

Sendelsens placering i den hjemmevante prægning,
en indladelse på egnethed, sympatiens element,
den stille kraft i navnløshedens hvile.

En tilskyndelse, en ære når frem og værner
berørende om den enkle nærhed; skænker
begivende sagens egen elskende strid.

Dæmrer sagte i en standset forsvinden, påkalder en
erfarende spørgen, som den eneste gave i en
blindgyde; antændt.

I en åben modstand vågner besindelsens tidlige
væsen i det heles sunde helse; at leve på skikket vis,
i vildsporets fuge, i huslyets sparsomhed, i de
uanselige furer, i verdensnøden.

En værensfortrolighed, en art vending på en
bugtende bjergsti, en hændelse, en herre, en hyrde;
en fare, en trussel.

Lænket udseende, befordrende, foruroligende
hvirvlet styring; bestillings-egnet skik i tænkningen,
flagrer som befriende fordring; en afdækningsvej.

Ind-egnet hæger det tænk-værdige om indblikkets
lys-glimt; trufne stiller stilheden lynet klart.

... at redde betyder egentlig at sætte noget fri i dets væsen; at redde jorden er andet og mere end at udnytte eller ligefrem udpine den.

Heidegger: Sproget og ordet, s. 40 (2000)

Styrt

Samklangens lytten hæfter stilstand og omslag til ensformighedens husly; samhørighedens grundtone.

At øjne nærværets spring, og sælsomme makværk sætter frisættelsens sitrende glimt, som djævelsværk.

Et afspring, væsensløs tænkemaskine betrænger en skeen uden for ideens selv-afkald, som tankeskridt, som værens tomhed; som *ontosofi*.

Singulare tantum; det sidste regnskab, som substans og utænkt forskel, som differensens bras, fri i et overfor, i et erindringsøjebliks pludselighed.

Epokal ængstelse; væsensmidten, glemt i en glemsomhed, glemt i en talende tavshed, om at drive sit væsen til et seminar.

Altings rødder, hjemmets gudinde, metafysikkens fald, angstens tegn, frilæggelsens horisont indfoldet; nedbrydningens overvindelse og grundløse beståen.

Tilskikker øjeblikkets mystik, som en omkringdrejning mod taksigelsens jordbund; som i indstændighedens *essentia*.

Upåagtet beror gådens ledetråd på intets meningsløse tomhed; på den banale erfarings opsplittede kedsomheds grundstemning; på en ejendommelig ro, på frygtsomhedens berøvelse.

Lysningens rolige hjerte er stilhedens sted…

Heidegger: Til sagen for tænkningen, s. 110 (2002)

Selvbekymring

Afmagtens tilintetgørelse, i ét med en vigen tilbage for, bortvisende, bortsynkende betænkelighed; svævende fortabelse forviser den forvovne, formørkede storhed om latterlighedens alvor.

I-gangbringende spring-ind-i overbegloede støttepunkter, ind i lydløse stemmers skjulte tak; ind i værens slør, som ukendt *on kathólou*, som fuldendt *akrótaton*.

En bortvendingens aflærende tegn, en sigende ihukommelse, en væsensværende beredvillighed; en hjemegnens indledende øvelser, en tågedis, den betænkeligste egn.

Håndens beboelse, et tydningsløst tegn betoner strømmens *poiesis*; håndtagets maskine nedtromler fulde sale og halvhørte spor; refleksionens lanterne.

Ørkenspredningens stemmekoncert, det farligste lysglimt, en fordærvelig flade; brødfødende vejstrøg, høreviljens strækning, oasernes findearbejde, vanvidssedlerne.

Umistelig skæbnesskikkelse, dialogers omrids, vægtig væsensret forsamler og forvalter omstændighedsforhold; indfiltrer og forskanser værens maske.

En letfordøjelig fortale sprætter riften op uafgjort; *zoon logon echon*; ormstukkent skurres de tysteste.

Der hvor mennesket åbner sit øje og øre, lukker sit hjerte op, giver sig fri i tanke og stræben, skabelse og virke, bøn og taksigelse, finder det sig overalt allerede bragt ind i det uskjulte.

Heidegger: Spørgsmålet om teknikken ..., s. 48 (1999)

Urostiftelse

Duefødder; at blinke, en sælsom varighed, omvipningernes fornærmelse, at studse afgrundsdybt, at kæntre uden blinkende hævn.

Flængende tilhylles hævntørstens *Pax*, flunsende fritænkeri, forløsningen fra hævnen i værens henvendelse, i den voksende ørken, værensprægningens terræn; bedrøvelighed.

Tænderskærende bortflyden fortærer forhåbningerne om den smalle streg; om indfrysningens had og angerens vægtighed; om viljen til ens egen evighed.

Den bærende tanke, den tungeste tanke, roterer i en føjning, som er vævet i tryg forvaring, som indbyder, befaler, bebor toneangivende nært i sprogets spil.

At kalde, at blive kaldt til orde, at indbyde, anråbe, bjærge vort væsen ind i tænkningen, er en tankeværdig gaves frembrud, der bevandres som tiltale, som bønfald, som ophold; et bud til at tænke, høres.

Ordenes lyde er som akustiske opfatningsfelter og deres vibrationer knytter sig til betydninger, som meningsbeholdere, som hørende brønde; som afgrundsdybe.

Væsensmagternes herredømme tilskikker rydningernes vink og tankeværenets taksigelse; hører takken, kommer i hu, som en andagtens billedskat, som mindelsen; *memoria tenere*.

Frisindet; den højeste tak, et egentligt anliggende i hjertegrunden, i det frelsende og milde sind.

En vinkende og vogtende væsensudrustning, der, som en sjælegnist frigiver glemslens svigt, bebor os nært som sproggods og farezone; trekanten ler ufatteligt.

Omsonst kulturvirksomhed; forskellenes forlegenhed, den planetariske organisationsform, i en fortroligt bærende tilskikkelse forhærdes verdensopholdet i skæret af en fragmentarisk vejbygning; som i tankesprogets tyngde.

I midtens uvejsomhed hjemfalder enhver samtale i ordenes friskhed; samtalens sjæl og rystelse udretter en sælsom gennemstrålet formørkelse, i en selvindlysende *taksis* – i en parataktisk syntese.

En lejlighed til at undres, syntaktiske tankeforsøg, står åbent ord for ord, lader det brugte være i sit væsen; denne anklang stammer og stikker i den livgivende væsenssamhørighed via betydningsudslag, som;

... i et storladent øjeblik én eneste gang siger det enestående, som forbliver uudtømmeligt fordi det stedse er oprindeligt.

(Heidegger: Hvad vil tænkning sige?, s. 180, 2012)

I havets høje bølgegang indlades væsenet, som en tænkende dialog med tankesproget, væsenstrækket lysner betænksomt, og giver agt på den vanlige menen; beliggenhedens leje ryddes tungtvejende.

Receptivitet fryder sig i sit hjerte, hjertefrydens verden og sengeleje nedstammer forskruet fra sprogets væsensværende, ødelagte sigen; hallens føjning og blotlæggelsesbevaringen forsvinder.

En sælsom forvirring i øjnene, eksistens-skrigeriets særpræg svigter stedets lyttefærdighed, og erstatningssyslens tomme intet driver sprogets furer og blikkets spring ind i skæret af en spørgende sigen; ind i et blikspring.

Fundet roen i dvælen;

nærværstrækket skinner elektronhjernen og verdensoffentligheden i hu.

Når det fjerneste hjørne af jordkloden er blevet erobret teknisk og gjort tilgængeligt for økonomisk udbytning, når en hvilken som helst hændelse på et hvilket som helst sted til en hvilken som helst tid er blevet tilgængelig når som helst … når tiden blot er hastighed, øjeblikkelighed og samtidighed og tiden som historie er forsvundet fra alle folkeslags tilværen, når bokseren regnes for en stor mand blandt folket, når massesamlinger i millionstørrelse er en triumf – så, ja så griber spørgsmålet stadig som et spøgelse ind over alt dette spøgeri: til hvad? – hvorhen? – og hvad så?

(Heidegger, 1935. Safranski, s. 312, 1998)